Bibliografische Information der Deutschen Nationalbibliothek:

Die Deutsche Bibliothek verzeichnet diese Publikation in der Deutschen National-bibliografie; detaillierte bibliografische Daten sind im Internet über http://dnb.d-nb.de/ abrufbar.

Coverbild: pixabay.com

Impressum:

Copyright © 2016 GRIN Verlag
Druck und Bindung: Books on Demand GmbH, Norderstedt Germany
ISBN: 9783668211094

Dieses Buch bei GRIN:

https://www.grin.com/document/321186

Mark Strutzenberger

Die Kryptowährung Bitcoin. Geschichte, Funktionsweise, Sicherheit und Wirtschaftliche Aspekte

GRIN Verlag

Die Kryptowährung Bitcoin.
Geschichte, Funktionsweise, Sicherheit und Wirtschaftliche Aspekte

Mark Strutzenberger

Aktualisierte, deutsche Version

Abstract

Die vorliegende Arbeit befasst sich mit der digitalen Online-Währung Bitcoin, die auf einem dezentralen System basiert, worin alle Nutzer gleichgestellt sind und es kein Machtmonopol gibt. Mithilfe dieser Währung sind kostenlose, anonyme, internationale Transaktionen in Sekunden möglich. Das System hat nicht nur Potential als Wertaufbewahrungsobjekt, sondern auch als Zahlungsmittel. Dank des deflationären Charakters, der durch eine begrenzte Geldmenge verursacht wird, ist eine langfristige Wertsteigerung anzunehmen. Beschrieben werden Risiken, Chancen aber auch die Funktionsweise dieser relativ neuen Entwicklung. Besonderer Wert wurde auch auf die Sicherheit der Währung bei der Verwendung gelegt und wie diese verbessert werden kann. Ein Hauptaugenmerk liegt darauf, wie sich die Kryptowährung entwickelte und wer diese initiierte. Bitcoins werden nicht im herkömmlichen Sinn gespeichert und versandt, sondern während der Geldschöpfung von Nutzern selbst in ein kollektives Gedächtnis eingearbeitet. In diesem sind alle Transaktionen gespeichert und da es öffentlich einsehbar ist, bietet das System trotz der Anonymität große Transparenz.

Inhaltsverzeichnis

1. Einleitung

Bitcoin wurde geschaffen, um dem konservativen Geldsystem zu entkommen. Man nennt diese und ähnliche Währungen Kryptowährungen, da sie auf dem Prinzip von Kryptographie basieren. Der Name Bitcoin ist ein Neologismus und leitet sich aus dem Wort für die Dateneinheit „bit" und dem englischen Wort für Münze „coin" her. Es wurde mit Funktionen ausgestattet, die zum einen der Wertaufbewahrung, zum anderen dem Transferieren von Geld dienen. Dies funktioniert über Computersoftwares, sogenannte Clients oder Wallets. Diese erzeugen Schlüssel, einen öffentlichen, den public key, der den Zweck einer Kontonummer erfüllt und einen privaten, den private key, der wie der Tan bei einer Online-SEPA-Überweisung funktioniert und als Unterschrift dient. Wichtige Eigenschaften sind Fälschungssicherheit, Unkontrollierbarkeit seitens Machtpositionen im herkömmlichen Sinn und die wahrscheinlich wichtigste, die Möglichkeit von kostengünstigen Transaktionen. [1]

Miner, dieser Begriff leitet sich vom englischen Wort für das Schürfen von Gold her, sind die Geldschöpfer. Mithilfe einer Miningsoftware, also ein Programm zum „Schürfen" von Bitcoins, wickelt der Computer Transaktionen, durch die zur Verfügung gestellte Rechenleistung, ab. Das Programm am PC kann beim Lösen einer komplexen Rechnung einen Block finden, in welchem Transaktionen gespeichert werden. Die Lösung, Hashwert genannt, enthält Teile der vorhergehenden Blöcke, sodass es eine eindeutige Reihung gibt. Dadurch bilden die Blöcke eine Kette, die sogenannte Blockchain. Diese stellt also den gesamten Verlauf aller Transaktionen dar. Die Hashwerte der vorangegangenen Blöcke bilden immer die Grundlage für einen neuen. Findet ein Miner einen solchen Block, bekommt er dafür Bitcoins, den Block-Reward. Mit diesem wird er für das Abwickeln von Transaktionen belohnt. Somit werden neue Bitcoins erzeugt. Gleichzeitig speichert und bestätigt er in dem neuen Block alle Geldtransfers, die seit dem letzten Block geschehen sind.[2]

In der folgenden Arbeit werden Funktionsweise, Risiken, Chancen und die Geschichte von Bitcoin genauer behandelt.

---

[1] Vgl. Teich, Kai: Bitcoin Millionäre. Satoshi's Erben packen aus. Norderstedt: BoD – Books on Demand 2013, S.9f
[2] Vgl. ebenda

2. Funktionsweise und Technologie

Das System ist dezentral und somit ein reines peer2peer-Netzwerk, dieser Begriff leitet sich aus dem Englischen her. Peer bedeutet auf Deutsch Gleichberechtigter und die Zwei, welche für „to" steht, bedeutet zu. Man könnte dies also mit „von Gleichberechtigtem zu Gleichberechtigtem" übersetzen. So kommt die Währung ohne übergeordnete Instanz aus. Außerdem hat sie einen deflationären Charakter, da es eine Begrenzung auf 21 Millionen Stück gibt. Bitcoins sind bis auf die achte Nachkommastelle teilbar, diese Einheiten werden Satoshis genannt. Sie werden durch komplexe Rechenoperationen von Nutzern erzeugt, dies dient auch zur Verarbeitung von Transaktionen.[3]

Da das Netzwerk unstrukturiert ist, kann jede Einheit entfernt werden, ohne die Funktionsfähigkeit des Netzwerkes zu beeinträchtigen. Nachrichten werden schnellstmöglich im Netzwerk mit einem flooding- Algorithmus verteilt, dieser bewirkt, dass jeder Empfänger einer Nachricht diese an alle bekannten Adressen außer dem Absender weiterleitet, bis alle die Information erhalten haben.[4]

Das System vereint die elektronische Übertragbarkeit von Buchgeld mit der Anonymität von Bargeld. Die Transaktionen werden in der Blockchain gespeichert. Alle Transaktionen sind international durchführbar, nicht widerrufbar und fälschungssicher dank asymmetrischer Schlüssel. Außerdem sind sie kostenfrei, beziehungsweise werden nur sehr kleine Beträge verrechnet.[5]

Das Netzwerk ist wie ein weltweites, kollektives Buchführungssystem aufgebaut, dadurch ist es nicht möglich Bitcoins zu fälschen oder zu verdoppeln, außer eine Person oder Organisation wäre im Besitz des Großteils der Rechenkapazität. Alle Clients, das sind die Nutzerkonten, sind im Netzwerk sichtbar und können Geld zu anderen Bitcoinadressen transferieren. Adressen besitzen einen öffentlichen digitalen Schlüssel, dieser dient zum Versenden von Bitcoins, zum Empfangen ist ein privater Schlüssel notwendig. [6]

---

[3] Vgl. Kerscher, Daniel: Handbuch der digitalen Währungen. Bitcoin, Litecoin und 150 weitere Kryptowährungen im Überblick. Dingolfing: Kemacon UG 2014, S.94ff
[4] Vgl. Mölleken, Dirk: Bitcoin Geld ohne Banken – ist das möglich? Diplomarbeit. Diplomica Verlag GmbH Hamburg 2012, S.28ff
[5] Vgl. ebenda S.21ff
[6] Vgl. Cherek, Oliver: Bitcoin Risiken und Chancen einer digitalen Währung. Bachelorarbeit. Nordersted: GRIN Verlag 2014, S.15ff

2.1 Wallets, Adressen und Clients

Jeder Nutzer, der über das Internet eine verbundene Clientsoftware nutzt, besitzt eine oder mehrere Wallets, diese sind ähnlich wie Brieftaschen, jedoch werden in ihnen nicht Bitcoins sondern lediglich die Schlüssel gespeichert. Aus den Ein- und Ausgängen errechnet die Clientsoftware den Kontostand. Die Bitcoinadressen besitzen einen privaten und einen öffentlichen Schlüssel, welche mathematisch zusammenpassen. Werden Transaktionen mit nicht zusammenpassenden Schlüsseln eingereicht, werden diese von den Clients nicht bestätigt und nicht verarbeitet. Die Blockchain dient als Datenbank, auf der alle Transaktionen gespeichert und für jeden einsehbar sind. [7]

Ein Client ist ein Programm am PC, generell wird dieser Ausdruck gleichbedeutend mit Wallet verwendet, mit dem einzigen Unterschied, dass ein Client mehrere Wallets enthalten kann. Eine Wallet wiederum kann beliebig viele Adressen enthalten, einige werden automatisch erzeugt, zusätzliche können manuell hinzugefügt werden. Meist ist auch der Import von Adressen, welche von anderen Wallets erzeugt wurden, mithilfe der beiden Schlüssel möglich.[8]

Die erste Unterscheidung wird nach Speicherort der Schlüssel getroffen. Man unterteilt in sogenannte Paper-, Mind-, Cold-, Soft- und Hard-Wallets. Die ersten drei werden im Kapitel **4.4 Cold Storage** behandelt.

2.1.1 Soft-Wallets

Im Gegensatz zu den sich auf einem speziellen Gerät befindlichen Hard-Wallets, sind Soft-Wallets Programme auf einem Computer mit Internetzugang. Hierbei kommen verschiedene Clients in Frage.

2.1.1.1 Full Node Clients

Ein Full Node Client ist ein Programm, welches die gesamte Blockchain auf dem Computer speichert, derzeit benötigt diese ungefähr 198 Gigabyte Speicherplatz (Stand: 11/2018). Diese Art von Client benötigt eine hohe Internetgeschwindigkeit, da die Blockchain alle zehn Minuten aktualisiert wird. Ein Vorteil des Full Node Clients ist, dass kein Vertrauen in Dritte vorhanden sein muss und kein Eingriff von Dritten möglich ist, außerdem unterstützt dieses Programm das gesamte Netzwerk, es überprüft

---

[7] Vgl. Platzer, Joerg: Bitcoin kurz & gut. Banking ohne Banken. Köln: O'reilly 2014, S. 18f
[8] Vgl. ebenda, S. 27ff

7

Transaktionen und bestätigt diese. Bei der Überprüfung ist es irrelevant, wer im Besitz der Sender- oder Empfängeradresse ist, die mathematische Aufgabe ist entweder korrekt und wird bestätigt oder inkorrekt und wird verworfen. Durch die erzeugte Kopie des Netzwerkes entsteht ein weiteres Backup, welches Manipulationsversuche erschwert.[9]

2.1.1.2 Lite Clients

Die Funktionsweise eines Lite Client ähnelt stark der eines Full Node Client, jedoch wird der benötigte Speicherplatz durch Komprimierung von dem oben genannten dreistelligen Gigabytebetrag auf einen einstelligen reduziert.[10]

2.1.1.3 SPV Clients

SPV bedeutet Simplified Payment Verification und beschreibt eine Art von Client, welcher nicht die gesamte Blockchain herunterlädt und aktualisiert, sondern mithilfe eines Algorithmus, welcher wie ein Filter wirkt, nur für die Verwaltung der eigenen Adressen relevante Einträge herausfiltert und speichert. [11]

2.1.1.4 Serverabhängige (Thin-) Clients

Serverabhängige Clients, oder auch Thin-Clients genannt, besitzen keine lokale Kopie der Blockchain, sondern verwenden eine von ihrem Anbieter gespeicherte Blockchain. Hierbei ist darauf zu achten, dass die Software mit dem Open Source Prinzip publiziert wurde, da so Eingriffe von Dritten unwahrscheinlicher sind. Außerdem muss beachtet werden, dass die Schlüssel lokal und nicht in einem Netzwerk gespeichert werden. All dies trifft auf den Client Elektrum zu. Ein Vorteil von einem Thin-Client ist die schnelle Einsatzbereitschaft. Im Gegensatz dazu benötigt das Herunterladen der gesamten Blockchain mehrere Stunden bei langsamen Verbindungen kann der Vorgang Tage dauern.[12]

2.1.1.5 Web-Wallets

Diese Online-Wallets sind keine Anwendungen am PC, sondern normale Websites im Webbrowser. Die Bitcoins werden mithilfe des Cloud-Systems verwaltet. Dies ist eine Möglichkeit, um Daten online zu speichern und von jedem PC weltweit darauf zugreifen

---

[9] Vgl. ebenda
[10] Vgl. Dr. Hosp, Julian: Kryptowährungen Bitcoin, Etherium, Blockchain, ICOs & Co. Einfach erklärt. 2. Auflage. München: FinanzBuch Verlag 2018, S. 86
[11] Vgl. Platzer, 2014, S. 28f
[12] Vgl. ebenda, S. 29f

zu können. Jedoch sollte man diese Wallets, außer zum Testen des Systems mit ein paar Euro Einsatz oder als Übergangslösung, meiden, da große Sicherheitsprobleme auftreten können und Dritte die Daten überwachen und manipulieren können.[13]

2.1.1.6 In-Browser-Clients

In-Browser-Clients sind eine sehr neue Entwicklung, sie dienen zum schnellen online Bezahlen und machen dieses mit einem Browser-Plugin sehr effizient. Die Schlüssel werden lokal gespeichert und das System basiert auf dem Open Source Prinzip, dies bedeutet, dass der Quelltext öffentlich und frei verfügbar ist. Außerdem gibt es die Möglichkeit Schlüssel mit einem Backup zu sichern.[14]

2.1.2 Hard-Wallets

Eine andere neue Entwicklung ist eine Art von Wallet mit sehr hoher Sicherheit, hierbei speichert man die Schlüssel auf einem kleinen Single Purpose Computer, also Computer, die nur diesen einen Zweck erfüllen. Um Transaktionen zu signieren, welche man in einer Online- oder einer lokalen Wallet erstellt hat, verwendet man die Schlüssel auf dem Gerät. Diese verlassen es niemals, so ist eine hohe Sicherheit gewährleistet, auch wenn der PC von Viren befallen ist oder von Dritten überwacht wird, da ein Versenden von Bitcoins ohne eine Bestätigung mit USB Verbindung zum Gerät nicht möglich ist. Zusätzlich sind ein Passwort und ein PIN notwendig, wodurch das Guthaben bei Verlust oder Diebstahl geschützt ist. Falls dies passiert, kann man ein neues Gerät kaufen und mit einem Backup alte Daten wiederherstellen, das bekannteste derartige Gerät nennt sich Trezor.[15]

2.2 Blockchain und Konsensmechanismen

Die Blockchain ist das Herz von Bitcoin, sie besteht aus Blöcken, in denen Transaktionen von Minern zusammengefasst werden. Alle zehn Minuten entsteht ein neuer Block, dieser bezieht sich auf den vorhergegangenen und dieser wiederum auf den vorherigen, so lässt sich mithilfe der verknüpften Hashwerte feststellen, ob der Ursprung beim Genesisblock, dem ersten Block, liegt, denn nur dann ist ein Block gültig. Der Block, der den meisten Rechenaufwand hinter sich hat, ist der richtige, da hinter ihm die längste Kette liegt und sie beim Genesisblock beginnt. So wächst die Kette mit der meisten Rechenkapazität am schnellsten und eine Abspaltung kann

---

[13] Vgl. ebenda S. 30f
[14] Vgl. ebenda S. 31
[15] Vgl. Platzer, 2014, S. 31f

korrigiert werden. Bei einer solchen entsteht ein ungültiger Orphan-Block, dies passiert, wenn zwei Blöcke fast gleichzeitig gefunden werden. Orphan-Blocks werden in der Blockchain gespeichert, aber nicht mehr weiter berücksichtigt, die gültigen Transaktionen gelten dann wieder als unbestätigt und können zu nachfolgenden Blöcken, die der richtigen Kette entstammen, hinzugefügt werden. In der Fachsprache nennt man dies „die Kette forkt", abgeleitet vom englischen Wort für Gabel „fork". Ein Block ist nur gültig, wenn alle vorherigen Überweisungen und Blöcke gültig sind und der Anfang der Genesisblock ist, außerdem muss die kombinierte Difficulty, also der Rechenaufwand, größer sein als die der Abspaltung.[16]

Die Blockchain funktioniert nach dem Prinzip der verteilten Buchhaltung, es gibt kein großes Update, dies würde zu lange dauern und den Zahlungsfluss blockieren, anstelle dessen werden die Transaktionen in kleinen Portionen verteilt, bei erfolgreicher Suche nach der Lösung für einen Block kommt das so genannte proof-of-work Prinzip zu tragen.[17]

2.2.1 Proof-of-work

Das bedeutet, dass alle Transaktionen zuerst unbestätigt im Netzwerk verbreitet werden. Dann wählt der Miner Überweisungen aus, die er verifizieren möchte, üblicherweise sind das die mit den höchsten Transaktionsgebühren. Nun muss unter Einbeziehung des vorhergehenden Blocks und der 4200 Transaktionen, welche der Miner ausgewählt hat, ein neuer Block geformt werden. Dies geschieht durch das Finden einer Lösung zu einem komplexen mathematischen Problem durch Ausprobieren. Wird eine solche von einem Miner gefunden, entsteht ein neuer Block, die enthaltenen Transaktionen werden bestätigt und der Miner erhält sowohl die Transaktionsgebühren als auch den Block-Reward, welcher als Belohnung für die geleistete Arbeit dient.[18]

2.2.2 Proof-of-importance

Eine andere Möglichkeit der Konsensfindung ist das proof-of-importance Prinzip. Hierbei bestimmt eine Person, die beispielsweise lange Teil des Systems oder mit vielen anderen Teilnehmern vernetzt ist, welche und ob eine Transaktion bestätigt wird. Der Vorteil liegt darin, dass keine komplexen mathematischen Probleme gelöst werden müssen, sondern nur überprüft wird, ob der zu sendende Betrag auf der

---

[16] Vgl. Mölleken, 2012, S.31f
[17] Vgl. Platzer, 2014, S.20ff
[18] Vgl. Dr. Hosp, 2018, S.67ff

Adresse des Auftraggebers vorhanden ist. Dies spar viel Energie, lässt sich jedoch leicht von Betrügern ausnutzen, welche sich zum Beispiel gegenseitig oder durch gefälschte Vernetzungen zu Wichtigkeit verhelfen.[19]

2.2.3 Proof-of-stake

Wenn das Stimmrecht statt durch Wichtigkeit von Geld bestimmt wird, nennt man das System proof-of-stake. Ein Vorteil gegenüber proof-of-importance ist, dass die Coins nicht gefälscht werden können. Trotzdem ist fragwürdig, ob eine kleine Gruppe Reicher über den Geldtransfer bestimmen sollten. Die Transaktionsgebühren und Block-Rewards werden entsprechend des Anteils an eingesetztem Geld aufgeteilt. Zu beachten ist auch, dass die für das Stimmrecht verwendeten Münzen nicht ausgegeben werden können, ohne den Anteil zu verringern.[20]

2.3 Transaktion

Bei dieser werden keine persönlichen Daten über den Transaktionspartner benötigt, da die Überweisung nur zwischen den zwei Partnern stattfindet und nicht über eine dritte Institution abgewickelt wird. Dies hat den Vorteil der Wahrung der Privatsphäre und durch die Unwiderruflichkeit der Transaktionen kann es nicht zu Zahlungsausfällen kommen.[21]

Bei den Transaktionen von Bitcoins findet kein Datentransfer wie beim Senden von Emails statt, da Bitcoins nicht auf der eigenen Festplatte gespeichert sind. Durch den Block-Reward oder das Erwerben von Bitcoin mit anderen Währungen erhält man lediglich die Berechtigung, Bitcoins zu versenden. Die verfügbare Menge wird durch Aufaddieren der Transaktionen errechnet.[22]

Bei einer Überweisung ist der öffentliche Schlüssel des Empfängers die Kontonummer und der private Schlüssel des Senders stellt den TAN dar. Die Schlüssel bestehen aus kryptographischen Berechnungen, diese werden im Kapitel Kryptographie genauer beschrieben.[23]

In der Praxis sieht es so aus: Der Empfänger sendet seinen öffentlichen Schlüssel zum Beispiel per Email an den Sender, hierbei besteht keine Gefahr, da man mit dem

---

[19] Vgl. ebenda S.64f
[20] Vgl. ebenda S.65
[21] Vgl. Wissert, Steffan: Bitcoin Geld ohne Vertrauen in Dritte? Studienarbiet. Norderstedt: GRIN Verlag 2013, S.4f
[22] Vgl. Mölleken, 2012, S.31f
[23] Vgl. Cherek, 2014, S.20

öffentlichen nur senden und nicht empfangen kann, der Sender signiert die Transaktion mit seinem privaten Schlüssel. Beim nächsten Block wird die Transaktion eingebunden und somit bestätigt und validiert.[24]

2.4 Skalierung

Da immer mehr Menschen Bitcoin nutzen, kommt die derzeitige Geschwindigkeit von zirka sieben Transaktionen pro Sekunde an ihre Grenzen. Sie ist deshalb so gering, weil alle Benutzer von Full Node oder Lite Clients einen vollständigen Verlauf führen müssen und so die Geschwindigkeit vom langsamsten Knoten bestimmt wird. Ein ungewollter Nebeneffekt sind die höheren Transaktionsgebühren, die entstehen, da profitablere Aufträge von Minern bevorzugt ausgeführt werden. Derzeit beträgt die Größe eines Blocks 1 Megabyte. Um die Überweisungen pro Zeiteinheit also zu erhöhen, müsste entweder der Speicherbedarf einer Transaktion verringert, oder die Größe eines Blocks erhöht werden. Weil aber dies stärkeren Teilnehmern mehr Macht geben würde, wird eine vorgeschlagene Erhöhung auf 2 oder mehr Megabyte heftig diskutiert.[25]

2.4.1 Segwit

Segregated Witness, kurz Segwit, ist ein im Jahr 2017 eingeführtes Update zu Bitcoin, welches den Speicherbedarf einer Transaktion halbiert. Dies ist möglich, da die Information nur eine und bisher die Signatur die zweite Hälfte des Gesamtverbrauches ausmachte. Nun wurde die Signatur in die erste Hälfte integriert, wodurch in einem Block statt zirka 4200 nun 8400 Transaktionen Platz finden.[26]

2.4.2 Lightning Network

Aus einer anderen Herangehensweise an das Skalierungsproblem entstand die Idee für das Lightning Network und andere ähnliche Off-Chain Transaktionsnetzwerke. Hierbei werden weder die Größe der Blocks noch die der Transaktionen verändert, sondern diese auf sogenannte Payment Channels ausgelagert. Auf der Blockchain wird nur die Information, dass zwei Knoten einen solchen Kanal erstellt und eine gewisse Anzahl an Bitcoin auf diesen überwiesen haben, gespeichert. Eine Transaktion zwischen den beiden über kann ohne Blockchain, einfach durch Bestätigung beider mit ihren privaten Schlüsseln geschehen. So können beliebig viele

---

[24] Vgl. Mölleken, 2012, S.32
[25] Vgl. Dr. Hosp, 2018, S. 87f
[26] Vgl. ebenda, S.89f

Überweisungen stattfinden. Erst wenn der Kanal von einer der Partner geschlossen wird, dies ist durch das Hochladen der Salden mit Signaturen von beiden auf die Blockchain möglich, entsteht eine herkömmliche Transaktion der jeweiligen Guthaben zu ihren Inhabern.[27]

---

[27] Vgl. ebenda, S.101ff

3. Geschichte

Bitcoin wurde nicht wie eine gewöhnliche Währung von einem Staat eingeführt und auch nicht wie ein Unternehmen gegründet.

1990 gründete David Chaum das Unternehmen DigiCash, dieses bot ein elektronisches Bezahlsystem für kleine Zahlungen an. Auch hier kam Kryptographie zum Einsatz und Anonymität wurde groß geschrieben, doch dieses System fand wenig Anklang. Im Jahre 1996 entstand ein digitales Bezahlsystem mit dem Namen eGold. Es sollte die Sicherheit von Gold und die großen Vorteile des digitalen Transfers von Geld kombinieren. Man kaufte einen Anteil an den Edelmetallen, wie Gold, Silber, Palladium und Platin, welche in Zürich und London gelagert wurden. Den Wert bekam man auf einem Konto gutgeschrieben. Der Handel lief über Firmen, sogenannte Market-Maker, welche eGold verkauften und gegen andere Währungen tauschten. Im Jahr 2007 wurden die Betreiber wegen Geldwäsche und unlizenziertem Bankgeschäft angeklagt und das Unternehmen musste schließen.[28]

All dies waren Anregungen für Satoshi Nakamoto als er das Bitcoin-System entwickelte.

3.1 Satoshi Nakamoto

Es ist nicht viel über Satoshi Nakamoto bekannt. Alle Informationen stammen aus seinen persönlichen Angaben bei p2p-foundation. Das Pseudonym gibt an, männlich und am 5.4.1975 geboren zu sein. Als Heimatland gibt er Japan an, dies ist jedoch sehr unwahrscheinlich, da er nie auch nur ein Wort japanisch schrieb. Bei der Gründung war er Anfang 30. Es ist nicht sicher, ob sich hinter dem Pseudonym eine Gruppe oder eine einzelne Person verbirgt, wobei eine Gruppe von Programmierern wahrscheinlicher ist, da für eine solche Entwicklung verschiedenste Kompetenzen notwendig sind.[29]

Am 31.10.2008 veröffentlichte er seinen Aufsatz über Bitcoin unter dem Titel „Bitcoin: A peer to peer electronic cash System" und am 1.11.2008 das Whitepaper „A distributed time stamping system for contracts" in der Cryptographies Mailingliste. Er beschreibt das Open Source Prinzip und die Logik der neuen Währung wird ausführlich

---

[28] Vgl. Kerscher, Daniel: Bitcoin. Funktionsweise, Risiken und Chancen einer digitalen Währung. 2. Überarbeitete und ergänzte Ausgabe. Dingolfing: Kemacon UG 2014, S.41ff
[29] Vgl. Platzer, 2014, S.189ff

erklärt. Außerdem löst er die Grundprobleme moderner Währungen. Eines dieser Probleme ist das fehlende   Vertrauen in unbekannte Geschäftspartner. In gewöhnlichen Währungssystemen müssen wir Regierungen und Zentralbanken vertrauen. Bei Bitcoin vertraut man niemanden, der Grundgedanke ist Misstrauen, dieses wir durch die Sicherheit des Algorithmus und die Bestätigung des Netzwerks überwunden.[30]

Nach dem Launch am 3.1.2009 von Bitcoin v0.1 arbeitete Nakamoto noch neun Monate an der Weiterentwicklung mit, dann zog er sich langsam zurück, bis er keine Mails mehr beantwortete und auch in den Foren nicht mehr online war.[31]

Viele versuchen den wahren Satoshi Nakamoto zu finden und fragen sich, warum der Erfinder einer solchen Innovation anonym bleibt. Der Grund ist keine Bescheidenheit, sondern das Wissen, dass seine Erfindung die finanziellen, wirtschaftlichen und auch politischen Machtverhältnisse der Welt verändern kann und er Gefahr laufen würde, von Regierungen, die um ihre Macht fürchten, verfolgt zu werden. Außerdem baut das Netzwerk darauf auf, dass jeder gleichberechtigt ist und Bitcoin nach den Forderungen der Mehrheit der Nutzer und nicht nach der Meinung des Gründers weiterentwickelt wird. Beispiele für die Verfolgung von Gründern ähnlicher Systeme durch Regierungen gibt es viele. Unter anderem Phil Zimmermann und Doug Jackson.

Phil Zimmermann entwickelte 1991 das Programm PGP. Dies steht für Pretty Good Privacy. Die Software ist gratis und verschlüsselt Emails und andere Nachrichten mit asymmetrischen Schlüsseln. Jeder kann dieses Programm gratis herunterladen, es bewirkt, dass keine dritte Person wie zum Beispiel Arbeitgeber oder Regierungen mitlesen können. Obwohl sich das Recht des Postgeheimnisses auf Emails übertrug, verstoßen die USA und regierungsnahe Organisationen, wie die NSA, dagegen. Da diese Erfindung deren Macht eingeschränkt hätte, wurde Zimmermann verfolgt und so der wirtschaftliche Nutzen der Erfindung verhindert. Ein ähnliches Schicksal erlitt Doug Jackson, welcher CEO des Unternehmens eGold war. Als immer mehr Menschen die Plattform nutzten und so den Dollar umgingen, griffen die US Behörden ein und bewirkten die Schließung des Unternehmens.[32]

---

[30] Vgl. Kerscher, Bitcoin. Funktionsweise, Risiken und Chancen, 2014, S.41ff
[31] Vgl. Platzer, 2014, S.189ff
[32] Vgl. ebenda S.189ff

Unter anderem machte sich auch der Autor Joshua Davis 2011 im Auftrag des Magazins The New Yorker auf die Suche nach der wahren Identität von Satoshi Nakamoto. Durch Recherchen wurde er auf Michael Clear aufmerksam, ein damals 23-jähriger Kryptographie-Student. Dieser erwiderte, dass er, selbst wenn er Nakamoto wäre, dies nicht öffentlich zugeben würde. Im Jahr 2013 wurde der Schreibstil von Nakamoto analysiert, demnach sollte der amerikanische Professor Nick Szabo hinter dem Pseudonym stehen. Dieser dankte, aber dementierte, Nakamoto zu sein. Im Jahre 2014 glaubte das Magazin Newsweek die Person hinter dem Pseudonym gefunden zu haben. Dorian Satoshi Nakamoto, ein kalifornischer Ingenieur mit japanischer Abstammung. Auch er verneinte der Erfinder zu sein. Am nächsten Tag war Nakamoto nach vier Jahren wieder kurz online aktiv und gab bekannt, nicht Dorian Nakamoto zu sein.[33]

3.2 Wichtigste Ereignisse und Kursverlauf

Wie schon erwähnt fand der Launch der ersten Client-Version am 3.1.2009 statt. Satoshi Nakamoto erzeugte mit der CPU eines normalen PCs den ersten, sogenannten Genesisblock, dadurch wurden auch die ersten 50 Bitcoins ausgeschüttet. Da es zu Beginn keinen Referenzwert für den Wert von Bitcoin gab, wurde der Preis in einem kleinen Kreis ausgehandelt. Der 12.1.2009 war ein wichtiger Tag für Bitcoin, es fand die erste Transaktion von Satoshi Nakamoto zu Hal Dinney mit einem Wert von zehn Bitcoin statt. Der erste offizielle Wechselkurs im New Liberty Standard wurde am 5.10.2009 veröffentlicht. Für einen Dollar bekam man 1392,33 Bitcoin. Am 30.12.2009 wurde die Mining Difficulty das erste Mal angepasst, was das bedeutet ist im Kapitel Mining beschrieben. Ein historisches Ereignis trug sich am 22.5.2010 zu, Bitcointalk-Mitglied lazlo kaufte zwei Pizzen um 10.000 Bitcoin, damals war der Gegenwert zirka 25 Dollar, zum Höchstkurs hätte man diese 10.000 Bitcoin für über 180 Millionen Dollar verkaufen können. Am 17.7.2010 eröffnete die Online Plattform Mt.Gox den Handel mit Bitcoin und den Tausch in Währungen wie Dollar, Euro und Yen. Diese bot eine zentrale, leicht zugängliche Institution, um Bitcoins ohne Mining zu erwerben. Die Ära des GPU-Minings startete am 18.7.2010, der erste Block wurde mit Grafikkarten und nicht wie zuvor mit dem Prozessor des PCs erzeugt. Die einzige Sicherheitslücke des Bitcoin-Systems bis jetzt kam am 15.8.2010 an den Tag. Die Protokollregeln wurden gebrochen und dadurch konnten 184 Milliarden Bitcoins

---

[33] Vgl. Macheck, Alexander: Rebel Yell. Satoshi Nakamoto. In: The Red Bulletin Juni (2015), S.26

erzeugt werden. Innerhalb weniger Stunden konnte der Fehler vom Core Developer Team behoben werden, die Blockchain wurde geforkt und somit die fälschlich erzeugten Bitcoins ungültig gemacht. Der erste Mining Pool entstand am 16.12.2010. Viele Bitcoin-Fans feierten am 9.2.2011 die Dollar Parität, also die Preisgleichheit von Dollar und Bitcoin. Der Beginn des FPGA Mining war am 20.5.2011, dadurch wurde das Mining von Bitcoin professionalisiert. Im Juni 2011 kam es zu einem Hackerangriff auf Mt.Gox, dies löste einen Preissturz von 31,91 Dollar pro Bitcoin auf 0,01 Dollar aus. Am 28.11.2011 kam es zur ersten Halbierung des Block-Rewards. Avalod startete am 31.1.2013 die Produktion von ASIC Mining Riggs, dies beschleunigte das Mining und die Difficulty stieg enorm an. Der Preis für einen Bitcoin überstieg am 15.2.2013 das erste Mal eine Unze Silber. Am 12.3.2013 forkte die Blockchain. Dieser Fehler wurde jedoch innerhalb weniger Stunden dank dem internationalen Core Developer Team behoben. Durch die Eurokrise kam es besonders in Zypern zu einem Kursanstieg auf 266 Dollar pro Bitcoin. Am 16.11.2013 wurde Bitcoin von Narrow Money Stock Index in der Rangliste der Währungen unter die ersten 100 Währungen gereiht, das bedeutet, dass 91 nationale Währungen dahinter standen. Der 29.11.2013 war einer der wichtigsten Tage in der Geschichte von Bitcoin, durch die hohe Nachfrage in China kam es zu einem Kursanstieg auf 1242 Dollar, Gold Parität war erreicht, der Goldpreis pro Unze lag zu dieser Zeit bei 1241,9 Dollar. Der Konkurs von Mt.Gox im Februar 2014 löste ein Fallen des Kurses auf 400 Dollar aus, jedoch brachte dieser Vorfall großes mediales Interesse mit sich.[34] [35]

Immer mehr Unternehmen begannen Bitcoin zu akzeptieren, so zum Beispiel Microsoft im Dezember 2014. Das letzte Mal fiel der Kurs im Jänner 2015 unter 200 Doller, als Bitstamp gehackt und zirka 19.000 Bitcoin gestohlen wurden. Anschließend pendelte der Kurs bis Juni 2016 zwischen 200 und 500 Dollar. Mitte Juli fand die zweite Halbierung des Block-Rewards auf 12,5 Bitcoin statt. Zirka zu dieser Zeit erfuhr Bitcoin den ersten großen Aufschwung seit Ende 2013. Innerhalb eines Monats stieg der Preis von 450 auf fast 800 Dollar an. Der Markt beruhigte sich wieder, bevor Bitcoin am 3.1.2017 zum zweiten Mal in seiner Geschichte die 1000 Dollar Marke durchbrach. Der Preis stieg rasant weiter. Am ersten August 2017 spaltete sich Bitcoin Cash von Bitcoin. Nicht einmal Regulierungen und die Schließung der Bitcoinbörsen in China im Herbst des Jahres konnten diesen Boom stoppen. Innerhalb eines Monats stieg der

---

[34] Vgl. Platzer, 2014, S.195ff
[35] Vgl. Kerscher, Handbuch der digitalen Währungen. 2014, S. 94ff

Preis Ende des Jahres um 300% von 6500 auf 19500 Dollar. Zu dieser Zeit veröffentliche auch die CME Group und die CBOE Global Markets Inc. Bitcoin Futures. Was Futures sind, wird im Kapitel **7.2.2 Futures** genauer beschrieben. Im Jahr 2018 kam es zu einem großen Preisverfall, obwohl die Währung von immer mehr Firmen und Organisationen akzeptiert wurde und es kaum neue Verbote oder Regulierungen gab. Der Hauptgrund für diesen Bärenmarkt war der in den Augen vieler nicht gerechtfertigt hohe Preis von fast 20.000 Dollar und die Verschiebung des ETF-Beschlusses der SEC, der United States Security and Exchanges Commission. Genauer werden ETFS im Kapitel **7.2.1 ETFs** erklärt. Der Preis schien sich Ende des Jahres auf zirka 6500 Dollar einzupendeln, jedoch kam es dann doch zu einem Bruch dieses wichtigen Levels, was sicher bei vielen zu Panikverkäufen führte. Dadurch sank der Preis innerhalb eines Monats von 6400 Dollar am 13. November 2018 auf 3300 am 15. Dezember. Bis zum Verfassen dieses Buches schwankte der Preis zwischen 3400 und 3800 Dollar (Stand 2/2019).

4. Sicherheit

Im Gegensatz zu herkömmlichen Währungen und Bezahlsystemen ist bei Bitcoin der Nutzer selbst für die Sicherheit seines Guthabens verantwortlich. Er muss entscheiden, welche Vorkehrungen er trifft, oder ob es sich nur um geringe Summen handelt, die keinen größeren Aufwand rechtfertigen.

4.1 Anonymität

Anonymität ist einer der größten Vorteile von Bitcoin im Vergleich zu herkömmlichen Währungs- und Bezahlsystemen. Da jeder ohne jegliche Angabe von persönlichen Daten Adressen erstellen kann, welche keine Rückschlüsse auf die eigene Identität beinhalten, ist eine grundsätzliche Anonymität gewährleistet. Beachtet muss jedoch werden, dass beim Kauf oder Verkauf von Bitcoin über Plattformen meist ein Identitätsnachweis erforderlich ist, um Betrug vorzubeugen.

Bei Bitcoin kann man jedoch nicht von vollkommener Anonymität sprechen, da alle Transaktionen in der Blockchain nachlesbar sind. Dies, kombiniert mit dem anonymen Erstellen von Adressen, bewirkt einen pseudoanonymen Charakter, dadurch wird sowohl Transparenz als auch Anonymität erzeugt. Ein weiterer Vorteil ist, dass die Privatsphäre persönlich anpassbar ist. Bei herkömmlichen Finanzsystemen ist das nicht möglich. Geldströme von Buchgeld können immer kontrolliert werden, dies hilft Strafvollzugsbehörden, schadet jedoch der Privatsphäre Unschuldiger. Bei Bargeld verhält sich dies umgekehrt.[36]

Eine verbesserte Anonymität kann durch zwei Methoden erreicht werden. Zum einen hilft es, Adressen nur immer für eine Transaktion zu verwenden und für jede neue Zahlung eine neue Adresse zu generieren. Dadurch sind diese in der Blockchain nicht so leicht einem Nutzer zuordenbar, es ist jedoch mit einem nicht allzu großem Rechenaufwand möglich, sich auszurechnen, welche Adressen zu einer Wallet gehören. Diese Methode birgt jedoch ein Problem. Das Versenden von Bitcoins ist nur von Adressen möglich, auf denen schon Zahlungen eingegangen sind. Aus diesem Grund muss man entweder Bitcoins zwischen mehreren seiner eigenen Adressen hin und her überweisen, was wiederum Rückschlüsse auf den gemeinsamen Nutzer zulässt, oder man verwendet nur Adressen zum Senden die einen sogenannten unspent input, also einen nichtverbrauchten Eingang, besitzen. Immer mehr Wallets

---

[36] Vgl. Platzer, 2014, S. 89ff

und Clients ermöglichen es jedoch Transaktionen aus der Summe aller Adressen zu tätigen, die Software überweist dann automatisch das benötigte Guthaben von den verschiedenen Adressen zur Zieladresse. Beim Senden wird immer der gesamte unspent input versandt, das Wechselgeld wird normalerweise wieder zurück auf die Senderadresse überwiesen, bei manchen Clients gibt es jedoch eine Funktion um Wechselgeld auf eine andere Adresse zu überweisen.[37]

Eine weitere Möglichkeit seine finanziellen Spuren zu verwischen ist das Mixing. Hierbei kann ein sehr hohes Maß an Anonymität erzielt werden. Es gibt verschiedene Arten von Mixinganbietern, manche verwenden wenig komplexe Strategien, wie zum Beispiel die Seite bitcoinlaundry.com. Der Dienst wartet ab, bis die Überweisung an die Adresse der Plattform zehn Bestätigungen hat, dann wird diese mit anderen gemischt und an eine vom Nutzer gewählte Adresse weitergesendet, dies ermöglicht jedoch Rückschlüsse, wenn man die Beträge vergleicht und Gebühren einberechnet. Es werden auch komplexere Systeme angeboten, bitlaundry.com sendet die erhaltenen Bitcoin an verschiedene Adressen weiter, welche nur für diesen Zweck neu erstellt werden. An den nächsten drei Tagen wird der Betrag in jeweils vier Transaktionen aufgeteilt an die Zielwallet an verschiedene Adressen gesendet.[38]

4.2 Kryptographie

Kryptographie beschreibt die Verschlüsselung und Übertragung von Informationen, dabei gibt es verschiedene Methoden. Für Bitcoin ist die Kryptographie mit Hilfe eines asymmetrischen digitalen Schlüsselpaares relevant. Dieses besteht aus dem öffentlichen Schlüssel, welcher die Information codiert, und dem privaten, der zum Entschlüsseln benötigt wird, dieser wird geheim gehalten und bleibt immer beim Empfänger einer Nachricht. Außerdem dient dieser als Unterschrift und Identitätsbeweis, er wird mit Hashwerten berechnet. Ein Hashwert wird mit einem Hashalgorithmus berechnet und ist eine Kette von Zahlen und Buchstaben mit vorgegebener Länge. Diese ist einzigartig und bildet eine hexadezimale Zeichenkette, welche aus beliebigen Eingabedaten berechnet werden kann. Es kann aus einer beliebig großen Eingabemenge ein Hashwert mit derselben Länge gebildet werden. „to hash" bedeutet auf Englisch zerhacken, da die Eingabedaten zerstückelt und dann der Hashwert daraus berechnet wird. Es ist unmöglich vom Hashwert auf die

---

[37] Vgl. Platzer, S. 93ff
[38] Vgl. ebenda S. 95ff

Eingabedaten zu schließen, deshalb eignet sich diese Berechnung sehr gut für Passwörter, da nicht das Passwort gespeichert und abgeglichen wird, welches bei einem Hackerangriff auf die Website einfach ausgelesen werden könnte, sondern der Hashwert, welcher keine Rückschlüsse zulässt. Dieselben Eingabedaten ergeben jedoch immer denselben Hashwert, dies bewirkt eine leichte Überprüfbarkeit. Zum besseren Verständnis folgt ein Beispiel: Stellen Sie sich vor, das Passwort sind zwei Zahlen, die als Summe eine Zahl ergeben, zum Beispiel 3692. Der Hashwert ist 3692. Sie können jedoch mit dieser Information nicht herausfinden, welche beiden zahlen addiert wurden, da es unendlich viele Möglichkeiten gibt. Sie können jedoch leicht und eindeutig überprüfen, dass der Hashwert stimmt, wenn Ihnen jemand sagt, dass die beiden Zahlen 1292 und 2400 waren. Genau so funktioniert die Kryptographie, nur mit viel komplexeren Rechenvorgängen. [39] [40]

4.3 Passwörter

Um die Sicherheit zu gewährleisten, sind Passwörter wichtig, beachten muss man, dass diese mindestens aus zwölf Zeichen bestehen. Es sollten Groß- und Kleinbuchstaben, Zahlen und Sonderzeichen enthalten sein. Außerdem muss beachtet werden, dass das gewählte Wort nicht in einem Wörterbuch zu finden ist, es sollte auch in keinem Zusammenhang mit persönlichen Daten steht. Natürlich wäre es am besten, das Passwort nicht zu notieren, obwohl dies bei längeren Passwörtern ohne Sinn schwierig ist. Außerdem sollte es vermieden werden, Passwörter auf fremden PCs einzugeben.[41]

4.4 Cold Storage

Cold Storage bedeutet zu Deutsch „kalte Lagerung" und beschreibt eine Art Bitcoins gefahrlos zu speichern. Eine digitale Methode ist eine sogenannte Cold-Wallet anzulegen, das bedeutet eine Wallet auf einem PC, der nie Internetzugang hatte und auch nie haben wird. Er sollte auch nicht mit Geräten verbunden werden, die Internetzugang besitzen, am besten sollte das System neu aufgesetzt werden und alle Treiber für WLAN, Bluetooth und andere Netzwerkfunktionen deinstalliert werden, um 100 prozentige Sicherheiten zu gewähren. Dies ist zwar eine aufwändige Methode Bitcoin zu speichern, jedoch bietet sie die höchste Sicherheit. Mit einem USB-Stick

---

[39] Vgl. Cherek, 2014, S. 17
[40] Vgl. Kerscher, Bitcoin. Funktionsweise, Risiken und Chancen, 2014, S. 19ff
[41] Vgl. Platzer, 2014, S. 34ff

wird die Software auf den PC übertragen und dort installiert. Obwohl dieser keinen Internetzugang besitzt, ist es möglich auf eine von ihm generierte Adresse Bitcoin zu überweisen, da diese alle Anforderungen erfüllt und das Netzwerk erst von einer neuen Adresse erfährt, wenn eine Transaktion stattfindet. Niemand kann erkennen, ob diese Adresse offline ist oder nicht. Ein Client der gut für Cold Storage geeignet ist, ist Armory. Hierbei wird auf dem Offline-PC ein Full Node Client installiert, auf dem Online-Rechner ein Watch-Only-Client. Dieser dient dazu, um sein Guthaben zu überprüfen, er enthält keinen privaten Schlüssel, nur das importierte Backup vom Offline-Client. So kann man sein aktuelles Guthaben sehen und sich Geld schicken lassen, ohne die Schlüssel auf einem Online-PC zu speichern. Um Bitcoins zu senden, muss am Online-PC eine Datei erstellt werden, am Offline-PC signiert und dann vom Online-PC versandt werden, dies ist zwar kompliziert, trotzdem ist es empfehlenswert für jeden, der größere Beträge in Bitcoin besitzt, eine solche Lagerung zu verwenden, da sie die sicherste Methode ist.[42]

4.4.1 Paper- und Mind-Wallets

Eine analoge Methode Bitcoin zu sichern ist eine sogenannte Mind-Wallet, also das sich Merken der Schlüssel. Eine andere stellt eine Paper-Wallet dar. Beachtet muss werden, dass der Drucker keine Festplatte besitzt, da er ansonsten die Schlüssel speichert und wiederum gehackt oder gestohlen werden kann. Falls dies der Fall ist, ist es besser sich die Schlüssel aufzuschreiben. Bei beiden Methoden muss beachtet werden, dass der analoge oder digitale Speicher vor Umwelteinflüssen und Diebstahl sicher aufbewahrt ist.[43]

---

[42] Vgl. Platzer, 2014, S. 77ff
[43] Vgl. ebenda S. 79ff

5. Quellen für Bitcoin

Es gibt grundsätzlich zwei Möglichkeiten Bitcoins zu erhalten, einerseits das Mining und andererseits den Tausch gegen Waren, Dienstleistungen oder andere Währungen.

5.1 Mining

Mining ist ein Grundbestandteil des Systems, da ohne es keine Transaktionen bestätigt würden, und keine neuen Bitcoins geschürft werden würden.

Beim Mining werden Transaktionen verarbeitet, diese werden in Blöcke zusammengefasst. Durchschnittlich wird alle zehn Minuten ein neuer Block erzeugt und an die Blockchain angehängt. Dieser enthält dann alle korrekten Transaktionen, die ab dem letzten Block geschehen sind. Der Block enthält sowohl Daten des vorhergegangenen Blocks und der enthaltenen Transaktionen als auch der eingeschlossenen Transaktionen. Die Adressen der Sender und Empfänger und auch die Beträge können dort nachgelesen werden. Bei jedem neuen Block werden also alle vorherigen Transaktionen überprüft und bestätigt, deshalb sollte man bei einer Transaktion ein paar Blöcke abwarten, um sicherzugehen, dass die Transaktion auch bestätigt und aufgenommen wurde. [44]

Um einer zu schnellen Ausschüttung vorzubeugen, halbiert sich der Block-Reward, so wird die Belohnung für das Verarbeiten der Transaktionen und das Erzeugen eines neuen Blocks genannt, das passiert zirka alle vier Jahre. Die letzte Reduzierung fand am 28.11.2012 statt und halbierte den Reward von 50 auf 25 Bitcoins. Um den 19.07.2016 wird die Belohnung das nächste Mal halbiert. Wenn alle Bitcoins erzeugt worden sind, dies wird im Jahr 2140 sein, gibt es keinen Block-Reward mehr, dann werden die Miner mit Transaktionsgebühren belohnt. Diese gibt es jetzt schon, zurzeit dienen sie aber nur der Beschleunigung der Übermittlung und Bestätigung der Transaktion, da die Miner natürlich vorzugsweise Transaktionen mit Gebühr in ihren Block aufnehmen. [45]

Um einen Block zu finden, muss eine komplexe mathematische Aufgabe gelöst werden, dabei wird proof-of-work genutzt, dies bedeutet Arbeitsbeweis und bezeichnet

---

[44] Vgl. Smithers, A.H.: Everything you need to know before buying, selling and investing in Bitcoin. Leipzig: Amazon Distribution GmbH 2013, S.11
[45] Vgl. Mölleken, S.35ff

die Belohnung, die man für die Lösung des Problems bekommt. Hierbei muss der Schlüssel eines Algorithmus gefunden werden, dieser ist in Form eines Hashwertes und wird aus den letzten Transaktionen gebildet, wie bereits im Kapitel Kryptographie beschrieben, müssen, für ein leichteres Verständnis, die beiden Summanden der Rechnung gefunden werden. Dies funktioniert nur durch Ausprobieren und dazu ist sehr viel Rechenleistung notwendig. Da durch die Hardwareentwicklungen immer schnellere Berechnungen möglich sind und mit zunehmender Popularität, immer mehr Menschen mithelfen, einen neuen Block zu finden, würden die 21 Millionen Bitcoin ohne eine Anpassung der Schwierigkeit bald geschürft sein. Aus diesem Grund gibt es die Anpassung der Difficulty. Hierbei wird der Schwierigkeitsgrad automatisch an die verfügbare Rechenkapazität des Netzwerks angepasst. Dieser Schwierigkeitsgrad wird zirka alle zwei Wochen, genau alle 2016 Blöcke, angepasst. Die Leistungsfähigkeit eines Computers beim Mining wird in Hash pro Sekunde angegeben. Die Einheiten sind gleich der Prozessorleistung mit den Unterteilungen Kilo, Mega, Giga, Tera in Tausenderschritten. Zum Beispiel ist ein Gigahash pro Sekunde 1000 Megahashes. Am Anfang wurde mit normalen PCs geschürft, dann, als es durch zunehmende Difficulty schwieriger wurde, verwendeten viele ihre Grafikarten also den GPU, da diese beim Mining effizienter waren. Eine Alternative mit weniger Stromverbrauch waren FPGAs, dies sind Field Programmable Gate Arrays. Diese sehr stark spezialisierten Prozessoren dienen normalerweise zu Forschungszwecken oder in der Industrie. Deren Preis war aber enorm. 2012 kam eine neue Erfindung auf den Markt, sogenannte ASICs. Dies bedeutet Applikation-specific integrated circuit. Die ASICs sind speziell für die Algorithmen zum Finden von Hashwerten entwickelt und haben eine enorme Leistung bei geringem Verbrauch. Da Solomining mit der Zeit immer unattraktiver wurde, begann die Ära des Poolminings. Dies beschreibt einen Zusammenschluss von vielen Minern, die gemeinsam nach Blöcken suchen, bei Erfolg wird der Reward nach Rechenleistung geteilt. Beachtet werden muss, wer die Transaktionsgebühren bekommt und wie viel Gebühr für die Teilnahme anfällt. Es gibt auch Pools, die nicht nur Bitcoin, sondern auch andere Kryptowährungen erzeugen.[46]

5.2 Tausch

Es gibt zwei Wege um Bitcoin durch Tausch zu erhalten oder gegen etwas anderes einzutauschen. Einerseits kann man Bitcoin als Zahlungsmittel für Waren oder

---

[46] Vgl. Kerscher, Bitcoin. Funktionsweise, Risiken und Chancen, 2014, S. 80ff

Dienstleistungen akzeptieren, andererseits kann man herkömmliche Währungen wie Euro oder Dollar gegen Bitcoin tauschen, diese beiden Wege funktionieren natürlich auch umgekehrt.

5.2.1 Tausch gegen andere Währungen

Will man Bitcoins kaufen, gibt es verschiedene Plattformen im Internet, die wie Wechselstuben funktionieren. Im deutschsprachigen Raum ist die meistverwendete Plattform bitocoin.de. Im Gegensatz zu anderen Anbietern moderiert diese Plattform den Tausch nur und führt Käufer und Verkäufer zusammen. Käufer und Verkäufer können einen Preis aushandeln, ähnlich wie bei eBay. Wie bereits angedeutet gibt es auch Plattformen, die Bitcoin einkaufen und verkaufen wie eine klassische Wechselstube, ein Vorteil hierbei ist, dass eine beliebige Menge getauscht werden kann, dies ist bei privatem Tausch oft nicht möglich, da meist beide Parteien eine gewisse Summe verkaufen oder kaufen wollen. Ein weiterer Vorteil ist, dass der Tausch sofort vollzogen wird, im Gegensatz dazu muss man zum Beispiel bei bitcoin.de auf einen Handelspartner warten. Eine andere Möglichkeit bietet die beliebte Seite localbitocins.com, hierbei vermittelt die Website auch Käufer und Verkäufer, die sich persönlich treffen und die Währungen tauschen.[47]

Der Preis von Bitcoin wird von fünf Kriterien beeinflusst, die auch bei herkömmlichen Währungen oder Aktien eine Rolle spielen. Diese sind die vorhandene Menge, bei Bitcoin ist sie auf 21 Millionen Stück limitiert, wovon der Großteil 2040 erzeugt worden sein wird, dadurch ist langfristig eine Preissteigerung zu erwarten. Ein anderer wichtiger Faktor ist das Vertrauen. In der Vergangenheit hatte dieser Punkt enormen Einfluss auf den Kurs, als zum Beispiel die Online-Exchange-Plattform Mt.Gox in Konkurs ging, kam es zu einem großen Kursabsturz. Hier ist anzumerken, dass Bitcoin nicht physisch durch Gold oder andere Edelmetalle gedeckt ist, also das Vertrauen wie bei Fiat-Währungen auf dem Glauben der Nutzer an die Währung basiert. Außerdem ist die Akzeptanz und Verbreitung wichtig, da ein neuer Markt neue Kunden und somit mehr Nachfrage bedeutet. Die Sicherheit der Währung hat auch große Auswirkungen auf den Preis. Als zum Beispiel die Sicherheitslücke ausgenutzt wurde und viele Bitcoins fälschlicherweise erzeugt wurden, fiel der Preis enorm. Als letzter Punkt ist die Liquidität anzuführen. Wenn die Währung leicht zu kaufen und zu verkaufen ist, werden viele Menschen davon Gebrauch machen. Gibt es jedoch nur kleine Märkte,

---

[47] Vgl. Platzer, 2014, S.61ff

also zu wenige Käufer und Verkäufer, erschwert und verteuert dies sowohl den Kauf, als auch den Verkauf. Denn dadurch entsteht ein größerer Spread, das ist die Differenz zwischen Kaufs- und Verkaufspreis. Der Grund dafür ist, dass dabei auch schlechte Angebote akzeptiert werden müssen oder andernfalls lange Wartezeiten entstehen.[48]

Generell sollte beim Besitz von Kryptowährungen beachtet werden, ob im Land der Niederlassung eine Kapitalertragssteuer auf Kursgewinne zu entrichten ist oder diese eventuell nach einer gewissen Zeit entfällt. Üblicherweise wird für gewinnbringendes Anlegen, gemeint sind nicht Kursgewinne, sondern Zinsen oder Dividenden in Kryptowährungen, eine Steuer abzuliefern sein.

5.2.2 Verwendung als Zahlungsmittel
Natürlich kann man Bitcoin auch wie andere Währungen beim Verkauf von Waren oder beim Anbieten von Dienstleitungen als Bezahlung annehmen. Hierbei ist zu beachten, ob im Land des Firmensitzes Bitcoin als Währung oder Sache gilt. Davon hängt nämlich üblicherweise ab, ob Umsatzsteuer abzuliefern ist. Da die Gesetze von Land zu Land stark variieren, empfiehlt es sich, sich bei der zuständigen Behörde zu informieren.

---

[48] Vgl. Kerscher, Bitcoin. Funktionsweise, Risiken und Chancen, 2014, S. 57ff

6. Risiken und Probleme

Da Bitcoin eine neue Entwicklung ist, sind vielen die Risiken der Währung noch nicht bewusst, in vielen Punkten ähnelt Bitcoin herkömmlichen Währungen, in anderen eher Gold oder Aktien.

6.1   51 Prozent Attacke

Besitzt eine Organisation oder Person im Netzwerk mehr als 50 Prozent der Rechenkapazität, kann dies einen Angriff auf das System ausführen, da normalerweise der Rest der Miner die fälschlichen Transaktionen verwerfen würde. Nun besitzt diese Partei selbst den Großteil der Rechenkapazität und bestimmt selbst, welche Transaktionen bestätigt werden und welche nicht, außerdem kann sie Transaktionen rückgängig machen oder Geld doppelt ausgeben. Bei Bitcoin ist es sehr unwahrscheinlich, dass eine Person eine solche Menge an sogenannter Hashingpower ansammelt, da dies extrem teuer wäre und im Vergleich dazu wenig Nutzen bringt. Das einzige realistische Szenario wäre ein Pool, der die Grenze überschreitet und dann von einer dritten Person dazu gezwungen wird, einen Angriff zu starten. 2013 erreichte der Pool BitcoinGuild die Grenze von 40 Prozent, ab dieser wurden keine neuen Miner mehr aufgenommen, trotz dieser Maßnahme und Aufforderungen der Poolbetreiber in allen Bitcoin- und Miningforen den Pool zu verlassen, überschritt der Pool die Grenze von 50 Prozent. Um bei einer 51 Prozent Attacke Geld doppelt auszugeben, muss die zweite Zahlung vor der ersten bestätigt werden, mit 51 Prozent der Rechenkapazität ist dies leicht möglich, es funktioniert aber auch mit weniger. Um dies zu erreichen, kann man die erste Transaktion ohne und die zweite mit Transaktionsgebühren versehen. Dadurch wird die zweite zuerst bestätigt und deshalb die erste als ungültig erkannt, da das Geld bereits ausgegeben ist. Mit der ersten wird etwas Gekauftes bezahlt, die zweite führt auf eine eigene Adresse. Dadurch sendet man Bitcoins mit der gültigen Transaktion von einer auf eine andere eigene Adresse, der Verkäufer denkt jedoch, er hätte das Geld erhalten.

6.2   Verlustrisiko

Dieses Risiko ist wohl das wichtigste, da es keine Einlagensicherung oder ähnliches wie bei Sparbüchern gibt. Für die Sicherheit, die bereits im gleichnamigen Kapitel beschrieben wurde, ist jeder Nutzer selbst verantwortlich und niemand übernimmt Haftung für Verlust oder Diebstahl. Mögliche Gründe für einen Verlust sind Hardwaredefekte, das Vergessen oder Verlieren des private key oder

Umwelteinflüsse auf das Speichermedium wie Nässe, Feuer oder ein Blitzschlag. Außerdem kann ein Speichermedium mit Internetzugang gehackt oder ausspioniert werden und das Geld so abhandenkommen. Auch Börsen und Handelsplattformen sind oft Ziele von Hackerangriffen, aus diesem Grund sollte Guthaben auf solchen Plattformen nur für die Dauer eines Kaufs oder Verkaufs gespeichert sein. [49]

6.3 Verbot

Es besteht das Risiko, dass Bitcoin durch einen Staat verboten wird, zwar kann es nur schwer kontrolliert werden, ob jemand Bitcoin zuhause auf seinem PC speichert, doch kann der Handel verboten werden. Dies schadet im ersten Moment zwar Anlegern nicht, im weiteren Verlauf sinkt jedoch der Preis, da Bitcoin nicht mehr als Geld zu verwenden ist. Gründe für ein Verbot sind die Möglichkeiten des illegalen, anonymen Einkaufs von Waffen oder Drogen und die Furcht, die staatliche Währung könnte an Macht verlieren. Thailand verbot Bitcoin 2013, 2014 wurde das Gesetz jedoch gelockert, auch Ecuador und Bolivien untersagen den Besitz von Bitcoin, da sie eine eigene digitale Währung einführen wollen, um vom Dollar unabhängig zu sein. Auch in Russland ist der Besitz von Bitcoin untersagt, da der Rubel die einzige legale Währung ist. In all diesen Ländern ist Bitcoin jedoch nicht sehr verbreitet, deshalb senken diese Verbote auch die Nachfrage nicht spürbar, sollte Bitcoin jedoch in Ländern wie den USA, Großbritannien oder Deutschland verboten werden, wäre dies wahrscheinlich das Ende der Währung und ein Verlust des Kapitals für Bitcoin-Besitzer.[50]

6.4 Regulierung

Regulierungen dienen normalerweise zum Schutz der Nutzer, übermäßige Regulierungen schaden jedoch und schränken den Gebrauch ein. Die Europäische Bankenaufsicht EBA warnte vor der Geldanlage in Bitcoin wegen der Verlustgefahr. Deutschland beschäftigte sich relativ früh mit Bitcoin, bereits im Juni 2013 wurde eine Regelung erarbeitet, wonach Spekulationsgewinne versteuert werden müssen, nach einem Jahr jedoch steuerfrei sind, somit wurde die Währung mit Gold gleichgestellt. Außerdem bezeichnete das Bundesfinanzministerium Bitcoin im August 2013 als privates Geld und Mining als private Geldschöpfung. Für Anleger sind diese Regulierungen positiv, beim Handel mit Bitcoin fällt jedoch dadurch eine

---

[49] Vgl. Cherek, 2014, S. 39
[50] Vgl. Kerscher, Bitcoin. Funktionsweise, Risiken und Chancen, 2014, S. 100ff

Doppelbesteuerung an, welche den Kauf von Waren mit Bitcoin kompliziert macht. In den USA wurden digitale Währungen von parlamentarischer Seite nicht als illegal eingestuft und festgehalten, dass diese keine negativen Auswirkungen haben. Es kam jedoch zu einer Regulierung des Internal Revenue Service, welche ähnlich der in Deutschland für Investoren Vorteile bringt, jedoch für den Kauf von Waren hinderlich, da bei einer Haltefrist von weniger als einem Jahr 43,4 Prozent Steuern anfallen, nach einem Jahr 23,8 Prozent. Die finnischen Behörden stimmten den amerikanischen Kollegen zu. Auch in China kam es zu Regulierungen, da sehr viele Handelsplattformen ihren Sitz dort haben, kam es durch die Zentralbank zu einem Verbot des Handels mit Bitcoin für Banken.[51]

6.5 Nischenrisiko

Eine weitere Gefahr für die Währung ist eine Nischenbildung, diese ist möglich, da es viele weitere digitale Währungen gibt, da das OpenSource-Prinzip erlaubt, die Softwarecodes zu kopieren oder nur leicht zu verändern. Die erste alternative Kryptowährung war der Litecoin, dieser ist nur leicht modifiziert, und hat sich sehr rasch verbreitet. Diese alternativen Währungen werden Altcoins genannt, zurzeit existieren zirka 600 verschiedene. Eine Nischenbildung würde bedeuten, dass jeder Nutzerkreis von digitalen Währungen eine eigene verwendet, dies verhindert eine schnelle Verbreitung und erschwert eine globale Akzeptanz.[52]

6.6 Kontrollrisiko

Durch die Dezentralität von Bitcoin sind Kontrollen nahezu unmöglich, nachdem sich Satoshi Nakamoto aus der Entwicklung zurückgezogen hatte, begann ein kleines Team von Entwicklern mit dem Beheben von Sicherheitslücken und dem Verbessern der Software. Bisher arbeiteten diese immer im Interesser aller Nutzer, trotzdem besteht die Gefahr, dass diese beeinflusst oder aus eigenem Interesse Bitcoin manipulieren könnten.[53]

6.7 Spekulation

Da Bitcoin ein eher kleiner Markt ist, wirken sich Spekulationsblasen sehr stark aus, dies beeinträchtigt die Nutzung als Zahlungsmittel, da Preise durchgehend geändert werden müssen und ein Preisvergleich sehr umständlich wäre. Die stärkste

---

[51] Vgl. Kerscher, Bitcoin. Funktionsweise, Risiken und Chancen, 2014, S. 109ff
[52] Vgl. ebenda S. 114ff
[53] Vgl. Cherek, 2014, S. 40f

Kursbewegung gab es im Oktober 2013, nach dem Allzeithoch von 1242 Dollar pro Bitcoin fiel der Kurs wegen der beschriebenen Regulierungen in China auf 400 Dollar.[54]

6.8 Deflationsrisiko

Da Bitcoin nur eine begrenzte Menge von Münzen zur Verfügung stehen, ist eine Deflation sehr wahrscheinlich. 2040 wird der Großteil der Bitcoins erzeugt sein, im Jahr 2140 wird die letzte Münze gefunden werden. Diese Zahlen können nicht verändert werden, eine ausreichende Menge ist trotzdem vorhanden, weil sie auf die achte Nachkommastelle teilbar sind, dies bedeutet es wird im Jahr 2140 insgesamt 2.100.000.000.000.000 sogenannte Satoshis geben. Eine kleinere Stückelung einzuführen ist möglich. Bei einer normalen Währung bewirkt eine Deflation sinkende Preise und dadurch investieren die Menschen nichts, weil es in Zukunft billiger sein wird. So geht die Ökonomie eines Landes zugrunde. Firmen entlassen Mitarbeiter, um ihre zurückgehenden Verkäufe zu kompensieren. Dies führt zu einer Depression in dem betroffenen Land. Bitcoin existiert nicht nur in einem Land, deshalb ist nicht klar wie und ob sich die vorhersehbare Deflation auf die Weltwirtschaft auswirkt.[55]

6.9 Skalierungsproblem

Ein Problem, das mit der steigenden Popularität zunimmt und zum Umstieg auf andere, modernere Kryptowährungen führen könnte, ist die Skalierung. Um einen wirklichen Ersatz für herkömmliche Zahlungsmittel darzustellen, müssen Bitcoin Transaktionen nicht nur sicher und dezentral, sondern auch schnell und kostengünstig abgewickelt werden. Dies trifft jedoch bei einer Begrenzung von sieben Überweisungen pro Sekunde nicht zu. Es gibt bereits verschiedene Lösungsansätze wie zum Beispiel die Vergrößerung der Blöcke auf zwei oder sogar acht Megabyte, bereits implementierte Updates, zur Erhöhung der Geschwindigkeit sind Segwit und Lightning Network, welche bereits beide im Kapitel **2.4 Skalierung** beschrieben wurden.

6.10 Energieverbrauch

Da Bitcoin auf dem sogenannten proof-of-work System beruht und für das Finden von Blöcken, also das Überprüfen von Transaktionen komplexe Rechenoperationen ausgeführt werden müssen, steigt auch der Energiebedarf mit steigender Difficulty. Diese wird von der sich im System befindlichen Rechenleistung bestimmt und erhöht

---

[54] Vgl. Kerscher, Bitcoin. Funktionsweise, Risiken und Chancen, 2014, S. 122ff
[55] Vgl. Cherek, 2014, S. 41f

sich bei steigendem Kurs und steigender Verbreitung, weil so mehr Miner Interesse an der Verarbeitung von Transaktionen und dem Erhalt des Block-Rewards haben. Lösungsvorschläge sind andere Methoden Konsens im Netzwerk zu finden, zum Beispiel proof-of-importance und proof-of-stake, welche bereits im Kapitel **2.2 Blockchain und Konsensmechanismen** behandelt wurden.[56]

---

[56] Vgl. Dr. Hosp, 2018, S.80

7. Chancen und Anwendungsmöglichkeiten

Bitcoin kann viele Chancen bieten, einerseits bietet das System Möglichkeiten, herkömmliche Zahlungsmethoden zu umgehen, andererseits können Kursgewinne erzielt werden. Aber nicht nur Bitcoin, auch die Technologie dahinter hat Potential.

7.1 Nutzungsmöglichkeiten

Bitcoin kann nicht nur als Wertpapier genutzt werden, um Kursgewinne zu erzielen, es dient auch als günstige, schnelle und vor allem unbewachte Alternative zu SEPA-Überweisungen. Vor allem bei internationalen Überweisungen ergeben sich große Vorteile. Doch auch Waren können mit Bitcoin gekauft werden, viele Online-Versandhäuser oder Anbieter von Online-Dienstleistungen wie Websitedesigner akzeptieren Bitcoin als Zahlungsmittel. Die Wohnungsvermietung 9flats akzeptiert eine Bezahlung mit Bitcoin ebenfalls und in Berlin gibt es eine Bar mit dem Namen Room77, in der man seine Getränke mit der digitalen Währung bezahlen kann, unter anderem bieten auch einige Restaurants und Hotels eine Bezahlung mit Bitcoin an. Besonders praktisch ist das Spenden von Bitcoin, da Mikrospenden, wie zum Beispiel beim Crowdfounding, möglich sind. Auch Umweltschutzorganisationen und die Website WikiLeaks nehmen Spenden in Form von Bitcoin an. [57]

Immer mehr Firmen, besonders Onlinedienste, akzeptieren Kryptowährungen, dazu zählen zum Beispiel KFC Canada, Reddit und Wikipedia. Außerdem wird Bitcoin bei Diensten, bei denen die Nutzer anonym bleiben möchten, wie beispielsweise Pornoseiten, immer beliebter. Da aber bei Geschäften des alltäglichen Lebens selten Bitcoin als Zahlungsmittel verwendet werden kann, versucht Bitpay diese Lücke zwischen Kunden, welche mit Kryptowährungen bezahlen, und Händlern, welche Fiat-Währungen erhalten wollen, zu schließen. Gegen eine Gebühr nimmt das Unternehmen die Coins an und überweist dem Verkäufer den Betrag in Euro.[58]

7.2 Wertsteigerungs- und Investitionsmöglichkeiten

Als Investitionsmedium bekommt Bitcoin eine immer größere Bedeutung. Durch die Eurokrise flüchteten viele Menschen mit ihrem Kapital in andere Währungen, einige investierten in Bitcoin, da die Währung hervorragend als Wertspeicher ohne staatliche

---

[57] Vgl. Koller, Christine; Seidl, Markus: Geld war gestern. Wie Bitcoin, Regionalgeld, Zeitbanken und Sharing Economy unser Leben verändern werden. München: FinanzBuch Verlag 2014, S. 150ff
[58] Vgl. Dr. Hosp, 2018, S.183f

Zugriffe dient. Die Zwillinge Cameron und Tyler Winkle Voss brachten einen eigenen Börsenindex heraus, der den Wert von Bitcoin, mit einem Volumen von 20 Millionen Dollar und einem Nennwert von 20 Dollar, repräsentiert. Der Bitcoin Investment Trust BIT des Handelsplattformbetreibers Barry Silber ist ein privater Fonds. Die Bedingungen für die Investition sind ein Anlagevolumen von mindestens 25 Tausend Dollar und einem Verdienst von mindesten 100.000 Dollar im Jahr, ein Vermögen von mindestens einer Million Dollar ist auch notwendig, bald soll der Fond jedoch in einen öffentlich handelbaren umgewandelt werden. Diese indirekten Investitionen sind attraktiver für Menschen, die weniger kompetent sind.[59]

Wie im Kapitel **3.2 Wichtigste Ereignisse und Kursverlauf** bereits angesprochen, gibt es weitere Möglichkeiten in Bitcoin zu investieren, außer diese direkt zu kaufen und den bereits beschriebenen. Genannt wurden Futures und ETFs.

7.2.1 ETFs
Die sogenannten Exchange Traded Funds folgen dem Preis von Bitcoin, können aber an herkömmlichen Börsen gehandelt werden. Dies macht es einfacher für Investoren oder Unternehmen, in Kryptowährungen zu investieren, da sie sich so nicht mit der Funktionsweise oder einer sicheren Aufbewahrung auseinandersetzen müssen. Bisher wurden aber noch keine den Bitcoin Preis repräsentierende ETFs erlaubt, obwohl schon mehrere Organisationen versuchten, solche genehmigen zu lassen.

7.2.2 Futures
Auch mit Hilfe von Futures kann man unkompliziert in Bitcoin investieren. Die Funktionsweise ist allerding anders. Sogenannte Futures sind Verträge, wobei ausgemacht wird, dass dem Geschäftspartner ein Bitcoin an einem gewissen Tag zu einem gewissen Preis verkauft wird. Liegt er am Stichtag über dem ausgemachten, gewinnt der Käufer, da er den günstig gekauften Bitcoin sofort mit Gewinn verkaufen kann. Liegt der Preis jedoch unter diesem, gewinnt der Verkäufer, da er nun einen Bitcoin am Markt günstig einkaufen kann und diesen seinem Partner teurer verkauft. In der Praxis werden jedoch nie wirklich Bitcoin gekauft, sondern nur der theoretische Gewinn dem anderen überwiesen. Normalerweise wettet man auch nicht auf einen speziellen Preis, sondern nur darauf, ob dieser steigt oder fällt.

---

[59] Vgl. Kerscher, Bitcoin. Funktionsweise, Risiken und Chancen, 2014, S. 129ff

Glaubt man also, dass der Preis steigen wird, ist man Käufer. Diese Position nennt sich „long". Man kauft zum ausgemachten Zeitpunkt Bitcoin zum alten Preis vom Wettpartner und verkauft ihn zum aktuellen. Der maximale Verlust beträgt hundert Prozent, falls Bitcoin einen neuen Wert von null Dollar hätte.

Wettet man darauf, dass der Kurs fällt, ist man Verkäufer, dessen Position wird „short" genannt. Er kauft zum ausgemachten Zeitpunkt am Markt Bitcoin zum aktuellen und verkauft ihn dem Partner zum alten Preis. Hierbei ist das Risiko höher, da der Verlust theoretisch unbegrenzt ist.

7.3 Marktchance

Der Markt von Bitcoin wächst stetig, dadurch sinkt die Gefahr als Nischenprodukt zu enden. Ein wichtiger Tag für Bitcoin war der 15.11.2012 als die Website Wordpress Bitcoin als Zahlungsmittel akzeptierte, da sie die größte Hosting-Site für Blogs ist. Die Akzeptanz stieg auch, als der Webshop des amerikanischen Computerhandels Dell Bitcoin annahm. Die ersten Produkte, die mit Bitcoin gekauft wurden, waren Anfang 2011 Alpakasocken. Nun kann man eine breite Palette an Dienstleistungen und Gütern im Internet mit Bitcoin bezahlen.[60] [61]

7.4 Dezentralitätschance

Ein großer Vorteil von Bitcoin ist, dass keine Zentralbanken existieren, die oft andere Ziele wie Preisstabilität oder die Unterstützung der Wirtschaft haben. Außerdem ist Bitcoin durch seine Dezentralität sehr gut gegen Angriffe und Manipulationsversuche geschützt. Durch diese Dezentralität ergeben sich auch andere Vorteile wie die Anonymität, welche bereits im Kapitel Sicherheit beschrieben wurde.[62]

7.5 Kostenersparnis

Bitcoin Transaktionen sind kostenlos, freiwillige Gebühren können die Bestätigung beschleunigen, aber auch diese sind sehr gering, somit können herkömmliche Anbieter von Transaktionen wie SEPA-Überweisung und Kreditkartenzahlungen weder bei Geschwindigkeit noch beim Preis mithalten. Auch Dienste wie PayPal sind teurer als Bitcoin-Überweisungen. Wird Bitcoin global bei vielen Firmen und Privatpersonen akzeptiert, kann man im Alltag bei größeren oder internationalen

---

[60] Vgl. Kerscher, Bitcoin. Funktionsweise, Risiken und Chancen, 2014, S. 136ff
[61] Vgl. Cherek, 2014, S.43f
[62] Vgl. Kerscher, Bitcoin. Funktionsweise, Risiken und Chancen, 2014, S. 132ff

Überweisungen auf jeden Fall zu Bitcoins greifen, da diese sicher, schnell und günstig sind.[63]

7.6 Smart-Contracts

Eine Blockchain kann nicht nur, wie bei Bitcoin, Transaktionen speichern und Signaturen überprüfen, sondern auch als dezentrales Betriebssystem arbeiten. Auf diesem können Programme unaufhaltbar und automatisch ausgeführt werden. Eine solche Anwendung stellen smart-contracts dar. Dadurch lässt sich die Unveränderlichkeit, Sicherheit und Dezentralität von Kryptowährungen in Verträge und Programme integrieren. Um einen solchen ausführen zu können, muss eine Art Genehmigung, in Form der Kryptowährung, auf deren Blockchain dieser laufen soll, gekauft werden. Zurzeit wird diese Funktion hauptsächlich auf der Etherium Blockchain eingesetzt, welche im Kapitel **8.3 Etherium** genauer beschrieben wird. Auch die Bitcoin Blockchain erlaubt prinzipiell solche Funktionen, kennt jedoch nur sehr einfache Befehle, weswegen andere bevorzugt werden.[64]

7.7 Tokenisierung

Tokenisierung ist die Verbindung der Eigenschaften von Kryptowährungen mit denen realer Werte. Zum Beispiel könnten Fiat-Währungen gleichzeitig auch als Token existieren oder Firmen Anteile in Token ausgeben. Aber auch Dienstleistungen oder Waren können mithilfe dieser dargestellt werden, was üblicherweise bei ICOs vorkommt. Hier stellen die Coins oft eine Art Gutschein dar. Jedoch befindet sich die Entwicklung noch in ihrer Anfangsphase und es bleibt abzuwarten, welche Innovationen auf uns zukommen.[65]

7.8 ICOs

Sogenannte „Initial Coin Offerings" sind neugegründete Unternehmen, die ihr Kapital nicht auf herkömmlichen Weg von Investoren oder Banken beziehen, sondern durch Crowdfunding. Die privaten Investoren erhalten im Gegenzug einen von dieser Firma ausgegebenen Token, der entweder selbst das Produkt des Unternehmens darstellt oder als Gutschein für Leistungen oder Produkte eingelöst werden kann. Natürlich können diese Währungen auch gehandelt werden, weshalb oft auch Spekulation als Grund für eine solche Investition hinzukommt. Ein Beispiel für eine ICO ist Etherium, wobei Ether, die Währung, eine eigene Blockchain besitzt. Da das Erstellen einer

---

[63] Vgl. Cherek, 2014, S. 44
[64] Vgl. Dr. Hosp, 2018, S. 145f
[65] Vgl. ebenda S.151f

neuen Blockchain kompliziert ist, verwenden diese Unternehmen üblicherweise ERC20 Tokens. Dabei wird eine neue Währung über einen smart-contract auf der Etherium Blockchain erstellt. [66]

---

[66] Vgl. ebenda S. 189ff

8. Altcoins

Alternative Coins sind weitere Kryptowährungen, die mehr oder weniger große Teile des Codes von Bitcoin übernommen haben. Einige von ihnen, wie zum Beispiel Litecoin und Bitcoin Cash, sind das Ergebnis einer Fork der Bitcoin Blockchain. Andere basieren auf einem ganz neuen Code oder als ERC20 Tokens auf Etherium. Anzumerken ist, dass bei den Bezeichnungen in Klammer jeweils das Ticker-Symbol steht. Dieses ist eine eindeutige Abkürzung für die Währung, um Verwechslungen zu vermeiden, ähnlich wie bei Aktien oder Fiat-Währungen. Bitcoin wird mit BTC identifiziert.

8.1 Litecoin (LTC)

Litecoin stellt die erste wichtige Fork von Bitcoin dar. Im Oktober des Jahres 2011 spaltete Charlie Lee die Währung von Bitcoin ab und führte einige Änderungen ein. Zum Beispiel ist die Gesamtanzahl an Litecoin höher und neue Blöcke werden alle zweieinhalb Minuten erstellt. Für die starke Beeinflussung durch ihren Gründer erfährt die Währung viel Kritik, jedoch sind dadurch schnelle Updates möglich, weswegen Litecoin die erste Kryptowährung war, die Segwit und Lightning Network einführte.[67]

8.2 Bitcoin Cash (BCH)

Am ersten August 2017 kam es im Zuge der Skalierungsdebatte zu einer weiteren wichtigen Fork. Bitcoin Cash nahm Segwit nicht an, dafür wurde die Blockgröße auf acht Megabyte erhöht. Ansonsten ähneln BCH sehr stark Bitcoin.[68]

8.3 Etherium (ETH)

Die 2013 von Vitalik Buterin kreierte Kryptowährung Etherium gründet sich auf eine ganz neue Idee, die EVN (Etherium Virtual Machine). Dieses dezentrale Betriebssystem erlaubt es nicht nur Transaktionen zu verarbeiten, sondern auch, wie bereits im Kapitel **7.6 Smart-Contracts behandelt,** komplexe Operationen auf der Blockchain auszuführen. Etherium selbst finanzierte sich durch eine ICO, wobei den Investoren der Token Ether ausgegeben wurde, mit welchem smart-contracts bezahlt werden können. Heute ist Etherium die nach Bitcoin am weitesten verbreitete Kryptowährung und eine der wenigen, die seit kurzem eine proof-of-stake Konsensfindung verwendet.[69]

---

[67] Vgl. Dr. Hosp, 2018, S.143
[68] Vgl. ebenda S. 144
[69] Vgl. ebenda S. 144ff

8.4 Monero (XMR)

Eine weitere Kategorie bilden private-coins. Diese versuchen mit verschiedenen Methoden die Anonymität zu erhöhen und die Transparenz zu verringern. Dadurch schützen diese aber leider nicht nur die Privatsphäre der Nutzer, sondern werden auch gerne von kriminellen oder terroristischen Organisationen verwendet. Sogenannte Ringsignaturen werden verwendet um Transaktionen zu anonymisieren. Dabei werden die Überweisungen nicht nur jeweils vom Sender, sondern alle im Block vorkommenden Transfers von allen Absendern signiert.[70]

8.5 Dash (DASH)

Hier setzt eine andere Methode an. Dash verwendet einen Mixalgorithmus. Das bedeutet, dass jemand gegen Gebühr Coins zur Verfügung stellt, mit denen die zu sendenden Tokens gemischt werden. Aus dem entstanden Pool, darf dann der Empfänger die vom Sender zugeführte Anzahl an Münzen entnehmen, wobei diese Information abseits der Blockchain übertragen werden kann. Der Nachteil besteht hier einerseits darin, dass immer eine Abhängigkeit von einer dritten Person besteht und andererseits dieses Service kostenpflichtig ist. [71]

8.6 Ripple (XRP)

Das Protokoll Ripple und die darauf basierende Währung XRP verfolgt ein ganz anderes Geschäftsmodell. Das gleichnamige Unternehmen bietet Banken Softwarelösungen auf Basis der Ripple-Blockchain an. Dadurch ergeben sich spannende Anwendungsbereiche, was vermutlich auch der Grund für den schnellen Aufstieg XRPs in die fünf meistverbreiteten Coins ist.[72]

8.7 IOTA (MIOTA)

Um dem Skalierungsproblem entgegenzuwirken bietet IOTA einen ganz neuen Ansatz. Nicht Miner, sondern die Nutzer der Währung bestätigen gegenseitig die Richtigkeit der Transaktionen. Außerdem wird nicht die gesamte Blockchain bei jedem Knoten gespeichert, sondern von jedem nur die Vorgänge in seiner „Umgebung". Dieses System nennt sich Tangle, da es aber noch wenig erprobt ist, ist zurzeit noch unklar, wie widerstandsfähig es gegen Manipulationsversuche ist und ob es überhaupt im großen Stil angewendet werden kann.[73]

---

[70] Vgl. ebenda S. 152ff
[71] Vgl. ebenda S. 155f
[72] Vgl. ebenda S. 159f
[73] Vgl. ebenda S. 160f

9. Schlussbetrachtung

Bitcoin ist eine interessante Neuerung im Währungssektor, die noch viel Potenzial hat. Die Kryptowährung als Zahlungsmittel zu verwenden, ist zurzeit noch kompliziert und mühsam, da wenige die digitale Währung akzeptieren und der Preis zu volatil ist. Steigert sich jedoch die Verbreitung, bringt Bitcoin viele Vorteile mit sich, aber auch schon jetzt hat das System einige, zum Beispiel bei Überweisungen von großen Beträgen oder internationalen Transaktionen, weil die hohen Gebühren von Finanzdienstleistern gespart werden können und Transaktionen schneller abgewickelt werden. Bitcoin ist eine hochspekulative und hochrisikoreiche Anlage, wie aus dem Wertverlauf der Vergangenheit ersichtlich ist. Potentielle Investoren sollten sich der beschriebenen Risiken bewusst sein und sich gut und eigenverantwortlich informieren. Noch wichtiger ist es, sich die Sicherheitsvorkehrungen zu Herzen zu nehmen, da jeder Nutzer selbst die Verantwortung für sein Geld übernehmen muss und keine Einlagensicherung oder ähnliches existiert. Die Blockchain-Technologie wirkt jedenfalls vielversprechend und wird auch, falls Bitcoin als Währung versagt, andere Bereiche revolutionieren. Noch sind die Möglichkeiten, die smart-contracts und Tokenisierung in der Zukunft bringen könnten, schwer abzuschätzen, doch bieten diese sicher Potential, das heutige Wirtschaftssystem auf den Kopf zu stellen.

Literaturverzeichnis

Cherek, Oliver: Bitcoin Risiken und Chancen einer digitalen Währung. Bachelorarbeit. Nordersted: GRIN Verlag 2014

Dr. Hosp, Julian: Kryptowährungen Bitcoin, Etherium, Blockchain, ICOs & Co. Einfach erklärt. 2. Auflage. München: FinanzBuch Verlag 2018

Guttmann, Benjamin: The Bitcoin Bible. All you need to know about bitcoins. Norderstedt: BoD - Books on Demand 2013

Kerscher, Daniel: Bitcoin. Funktionsweise, Risiken und Chancen einer digitalen Währung. 2. Überarbeitete und ergänzte Ausgabe. Dingolfing: Kemacon UG 2014

Kerscher, Daniel: Handbuch der digitalen Währungen. Bitcoin, Litecoin und 150 weitere Kryptowährungen im Überblick. Dingolfing: Kemacon UG 2014

Koller, Christine; Seidl, Markus: Geld war gestern. Wie Bitcoin, Regionalgeld, Zeitbanken und Sharing Economy unser Leben verändern werden. München: FinanzBuch Verlag 2014

Macheck, Alexander: Rebel Yell. Satoshi Nakamoto. In: The Red Bulletin Juni 2015, S.26

Mölleken, Dirk: Bitcoin Geld ohne Banken – ist das möglich? Diplomarbeit. Diplomica Verlag GmbH Hamburg 2012

Platzer, Joerg: Bitcoin kurz & gut. Banking ohne Banken. Köln: O'reilly 2014

Smithers, A.H.:Everything you need to know before buying, selling and investing in Bitcoin. Leipzig: Amazon Distribution GmbH 2013

Teich, Kai: Bitcoin Millionäre. Satoshi's Erben packen aus. Norderstedt: BoD – Books on Demand 2013

Wissert, Steffan: Bitcoin Geld ohne Vertrauen in Dritte? Studienarbiet. Norderstedt: GRIN Verlag 2013

Lightning Source UK Ltd.
Milton Keynes UK
UKHW010658301121
394854UK00002B/356